情緒海洋系列

海星很恐懼

作　　者：凱蒂·伍利（Katie Woolley）
繪　　圖：戴維·奧魯米（David Arumi）
翻　　譯：潘心慧
責任編輯：王一帆
美術設計：許鍩琳

出　　版：新雅文化事業有限公司
　　　　　香港英皇道499號北角工業大廈18樓
　　　　　電話：（852）2138 7998
　　　　　傳真：（852）2597 4003
　　　　　網址：http://www.sunya.com.hk
　　　　　電郵：marketing@sunya.com.hk

發　　行：香港聯合書刊物流有限公司
　　　　　香港荃灣德士古道220-248號荃灣工業中心16樓
　　　　　電話：（852）2150 2100
　　　　　傳真：（852）2407 3062
　　　　　電郵：info@suplogistics.com.hk

印　　刷：中華商務彩色印刷有限公司
　　　　　香港新界大埔汀麗路36號

版　　次：二○二三年三月初版

ISBN: 978-962-08-8099-5
Original Title: *The Emotion Ocean: Starfish Feels Scared*
First published in 2021 by Hodder & Stoughton
Copyright © Hodder & Stoughton Limited
All rights reserved.
Text by Katie Woolley
Illustrations by David Arumi
The right of David Arumi to be identified as the illustrator of this Work has been asserted in accordance
with the Copyright, Designs and Patents Act, 1988.

Franklin Watts
An imprint of
Hachette Children's Group
Part of Hodder & Stoughton
Carmelite House
50 Victoria Embankment
London EC4Y 0DZ
An Hachette UK Company
www.hachette.co.uk
www.franklinwatts.co.uk

Traditional Chinese Edition © 2023 Sun Ya Publications (HK) Ltd.
18/F, North Point Industrial Building, 499 King's Road, Hong Kong
Published in Hong Kong SAR, China
Printed in China

海星
很恐懼

凱蒂·伍利 著
戴維·奧魯米 繪
潘心慧 譯

新雅文化事業有限公司
www.sunya.com.hk

前言

　　《情緒海洋系列》能幫助小朋友認識自己的情緒，以及這些情緒對自己和別人所帶來的影響。與此同時，故事裏也會提供一些簡單的方法，幫助小朋友管理情緒。

　　每個故事皆以海洋為背景，講述海底學校的動物們在日常生活中所經歷的不同情緒，讓家長和老師能輕鬆地引導小朋友進入有關情緒的討論。例如在本故事《海星很恐懼》中，探討的情緒是害怕——它會帶給小朋友什麼感覺，小朋友會因而產生什麼反應，以及怎樣處理這種情緒而變得更勇敢。

　　本系列適合大人和小朋友一起共讀，以此開啟話題，進行討論。共讀故事時，建議選擇一個大人和小朋友都感到放鬆、不匆忙的時間。在正式講故事之前，大人可引導小朋友首先觀察書中的圖畫，猜一猜這本書的內容是什麼，讓小朋友能更快、更自然地投入故事。

新雅・點讀樂園 升級功能

讓親子閱讀更有趣！

　　本系列屬「新雅點讀樂園」產品之一，若配備新雅點讀筆，爸媽和孩子可以使用全書的點讀和錄音功能，聆聽粵語朗讀故事、粵語講故事和普通話朗讀故事，亦能點選圖中的角色，聆聽對白，生動地演繹出每個故事，讓孩子隨着聲音，進入豐富多彩的故事世界，而且更可錄下爸媽和孩子的聲音來說故事，增添親子閱讀的趣味！

　　「新雅點讀樂園」產品包括語文學習類、親子故事和知識類等圖書，種類豐富，旨在透過聲音和互動功能帶動孩子學習，提升他們的學習動機與趣味！

想了解更多新雅的點讀產品，請瀏覽新雅網頁(www.sunya.com.hk)或掃描右邊的QR code進入 新雅・點讀樂園 。

如何使用新雅點讀筆閱讀故事？

1. 下載本故事系列的點讀筆檔案

1. 瀏覽新雅網頁(www.sunya.com.hk) 或掃描右邊的QR code 進入 新雅•點讀樂園 。

2. 點選 下載點讀筆檔案 ▶ 。

3. 依照下載區的步驟說明，點選及下載《情緒海洋系列》的點讀筆檔案至電腦，並複製至新雅點讀筆的「BOOKS」資料夾內。

2. 啟動點讀功能

開啟點讀筆後，請點選封面右上角的 新雅•點讀樂園 圖示，然後便可翻開書本，點選書本上的故事文字或圖畫，點讀筆便會播放相應的內容。

3. 選擇語言

如想切換播放語言，請點選內頁左上角的 粵 ☆ 普 圖示，當再次點選內頁時，點讀筆便會使用所選的語言播放點選的內容。

4.播放整個故事

如想播放整個故事，請直接點選以下圖示：

5.製作獨一無二的點讀故事書

爸媽和孩子可以各自點選以下圖示，錄下自己的聲音來說故事！

1 先點選圖示上 爸媽錄音 或 孩子錄音 的位置，再點 OK，便可錄音。

2 完成錄音後，請再次點選 OK，停止錄音。

3 最後點選 ▶ 的位置，便可播放錄音了！

4 如想再次錄音，請重複以上步驟。注意每次只保留最後一次的錄音。

今天是甲班的學校旅行，他們來到了遊樂場。
大家興高采烈地享受着海浪和泡泡，還有衝浪的樂趣。

8

大家都很開心，除了……

海星只是緊緊地貼在一塊礁石上，
看着她的朋友們玩耍。

「過來和我一起跳吧！」水母一邊在大海綿上彈跳，一邊笑着說。

「不了，謝謝。」海星說，「我怕受傷啊。」

海星多麼希望自己能像水母一樣勇敢，
但跳海綿看起來太危險了！

14

很快，其他動物都加入進來，和水母一起跳。
「嘩——」他們大叫，「太好玩了！」

海星感到又孤單又難過，但她不敢離開
那塊讓她感到安全的礁石。

獨角鯨老師注意到海星悶悶不樂的樣子。

「哈囉，海星！」他說，「這次學校旅行玩得開心嗎？」

海星搖搖頭。

「我沒有跟朋友們一起玩，因為我太害怕了。」
她難過地低聲說。

「我們個個都有害怕的時候。」獨角鯨老師說，「是什麼令你感到害怕？」

「我怕自己會受傷。」海星小聲地說，
「我從來沒有跳過海綿。」

「新事物可以很嚇人。」獨角鯨老師同意，
「但勇敢地嘗試新事物，也可以很好玩的呀！」

看來確實很
好玩！

「而且有些事情表面上很可怕，其實沒有什麼好擔心的。」獨角鯨老師接着說。

「我第一次自己游泳時很害怕，
但現在已經很喜歡了。」

「以前我會怕黑！」海星說，「但爸爸給了我一盞小夜燈，現在夜晚一點也不可怕了。」

「沒錯！」獨角鯨老師高呼，「我想，如果你能勇敢一點，就會發現跳海綿並不可怕。」

海星看着她的朋友們，她也想加入。
於是她抬起腳來，慢慢離開那塊讓她感到安全的礁石。

她爬上了柔軟的海綿，開始彈跳，一上一下。

然後，再來一次，一上一下！
事實上，海星一直跳個不停！
「嘩——」她大叫，「太好玩了！」

當海星感到害怕時，就會想起獨角鯨老師的話，
不但不再害怕，反而會勇敢一點呢！

32

33

認識 情緒 很重要！

情緒對你很重要，對於海星和她的朋友們也一樣。請你看看以下各圖，說一說圖中角色們的感覺。每幅圖畫旁邊的問題可以幫助你思考：

海星為什麼感到害怕？她在擔心什麼？

獨角鯨老師指出什麼事可以很好玩？

獨角鯨老師小時候覺得什麼很可怕？

海星的爸爸怎樣幫助海星不再怕黑？

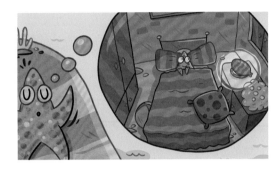

海星決定嘗試做什麼？她有沒有學會勇敢，而且玩得很開心？

你曾經很害怕做某件事嗎？你是怎樣使自己好過一些的？

活動建議

　　看完故事後，家長或老師可以跟小朋友展開延伸活動，讓小朋友更容易吸收和理解故事中所說的情緒，並連繫到自己的日常生活經驗。以下有一些討論話題和活動建議供參考：

關於故事內容

· 請小朋友說說海星在不同事情發生後的感覺。
· 問問小朋友有沒有感到害怕的時候。記不記得是在什麼時候？
　為什麼覺得害怕？

關於認識自己

· 跟小朋友談一談，為什麼了解自己的情緒那麼重要。
· 如果能夠明白自己在某情況下的情緒反應，他的心裏會不會覺得好過一些？
· 了解自己的情緒，會不會幫助他和其他小朋友相處得更好？為什麼？

關於認識自己和別人對情緒產生的反應

活動小提示：

* 此活動特別適合多人參與。如人數較少（例如只有爸爸、媽媽和小朋友），也可由各參與者說出自己的經驗、感覺和想法，再一起討論。
* 如參與的小朋友較多，可先把他們分成幾組再進行討論。

· 請參與者回想一個感到害怕的時刻。問問他們當時有什麼反應？他們怎樣使自己不再害怕？
· 分組時間結束後，各組請委派一人做代表，把記下的事情讀出來，然後全班一起討論。